BRUDER PAULUS TERWITTE
MARCUS C. LEITSCHUH

Trau dich, *einfach* zu entspannen

Bruder Paulus Terwitte
Marcus C. Leitschuh

Trau dich, *einfach* zu entspannen

HERDER

FREIBURG · BASEL · WIEN

www.herder.de

Umschlagmotiv: © photocase.de (complize)
Bilder im Innenteil: © photocase.com (3: john krempl; 6: S11; 9: himbeertoni; 10: suze; 16: dieKleine; 18: twwx; 21: cw-design; 24: JockScott; 30: claudioarndt; 33: krockenmitte; 36: pip; 38: daniel.schoenen; 44: lahja; 48: ilile; 50: zettberlin; 52: DocStorm; 58: but beautiful; 61: DoMiNiK2; 66: Chedness; 70: Weigand; 75: zettberlin; 77: Ejderha; 78: DoubleMcK; 85: Don; 88: Muetzenmaedchen; 91: kallejipp; 92: rola)

Die Bibeltexte sind entnommen aus:
Einheitsübersetzung der Heiligen Schrift
© 1980 Katholische Bibelanstalt, Stuttgart

Gesamtgestaltung:
Weiß-Freiburg GmbH – Graphik & Buchgestaltung
Herstellung: fgb · freiburger graphische betriebe
www.fgb.de

Gedruckt auf umweltfreundlichem,
chlorfrei gebleichtem Papier
Printed in Germany

ISBN 978-3-451-30137-7

Inhaltsverzeichnis

Entspannung: Königsweg zur Wahrheit

Entspannung entlastet uns von den Spannungen, die wir im Alltag aushalten müssen. Was uns fordert, unter Druck setzt oder an uns zieht, soll sich lösen.
Gar nicht so leicht. Die äußeren Gegebenheiten lassen sich nicht so schnell und einfach ändern. Wir können aber bei uns selbst etwas ändern. Wer sich dazu entschließt, lässt sich auf ein Abenteuer ein. Denn wer loslässt, wird empfänglich für Signale, die er bis jetzt überhört hat. Es kommen Gedanken und Gefühle zum Vorschein, die unter dem Stress verborgen blieben. Wir kommen unseren eigenen Spannungsfallen auf die Schliche. Wir entdecken, wo wir uns selbst nicht trauen, entspannt zu leben.
Entspannung ist der Königsweg zur Wahrheit des eigenen Lebens. Sie will geübt sein. Freie Zeit ist nicht automatisch entspannend. Ein

All-inclusive-Wochenende im Wellnesscenter garantiert noch längst nicht, dass Geist und Seele zur Ruhe kommen.
Wir laden Sie zur Entspannung mitten im Alltag ein. Lassen Sie sich überraschen von den Möglichkeiten, die sich darin bieten. Kommen sie mit uns ganz entspannt den verborgenen Kräften Ihres Lebens auf die Spur.

Bruder Paulus Terwitte
Marcus C. Leitschuh

1. Wir sind, was wir lassen

Den Aufstand proben gegen den Stress

Komm wieder zur Ruhe, mein Herz!
Denn der Herr hat dir Gutes getan.
Psalm 116,7

Stress gehört zum guten Ton. Wir haben uns so sehr daran gewöhnt, das Lied vom ewigen Stress zu singen, dass wir uns verwundert die Augen reiben, wenn uns einer sagt: Nein, ich bin nicht im Stress.
Terminkalender, Blackberry und Handy tragen wir wie Statussymbole mit uns herum und tippen geschäftig unsere Termine und Telefonnummern ein. Alles bewegt sich um das Motto: Ich bin gestresst, also bin ich. Es ist eine verkehrte Welt: Ausgerechnet dort, wo wir am wenigsten mit uns im Reinen sind, haben wir am meisten ein Gefühl für uns. Deswegen sagen wir deutlich: Trau dich, entspannt zu leben. Es gehört Mut dazu, den Aufstand gegen die Diktatur des Stresses zu proben. Dabei weiß man nicht einmal, ob es der Aufstand gegen den Stress selber ist – oder eher der Aufstand gegen alle, die sich unter entspannten Menschen Faulenzer vorstellen, die es sich einfach nur gut gehen lassen – auf Kosten ihrer Zeitgenossen, welche

dadurch noch mehr unter Stress geraten. Entspannung ist jedoch alles andere als Faulheit. Der Aufstand gegen den Stress ist der Aufstand für mehr Effektivität. Denn auch das gehört zu der verkehrten Welt der Stressmacher: Je mehr Stress sich einer für ein Ziel macht, desto weniger wird er es erreichen. Den Entspannten gehört die Welt. Und das Beste daran: Die Entspannten gehören sich selbst. Und auf diese Weise können sie ganz Menschen der sorgfältigen Arbeit und der aufmerksamen Liebe für ihre Nächsten werden.

1 Zwänge benennen

Gewissen wagen

Wir Menschen sind Wesen, denen die Instinkte genommen wurden. Damit wir uns dennoch orientieren können, sind uns Werte ins Herz gelegt worden. Sie garantieren unsere Freiheit. Wir dürfen zu keiner Tat gezwungen werden. Alles bedarf unserer inneren Zustimmung. Das Gewissen darf von nichts und niemanden übergangen werden. Wenn wir in unserem Gewissen gewiss werden – darum heißt es so –, was wir wie, wann und mit wem wirklich wollen, werden wir entspannter leben. Allerdings: Es muss gut und richtig sein, was wir da wollen. Ein gutes Gewissen ist eben wirklich ein sanftes Ruhekissen zum Entspannen.

TRAU DICH, den Stressursachen zu widersprechen.

2 Ziele beleben

Vereinbarungen treffen

Stress entsteht da, wo wir viele Ziele auf einmal verwirklichen wollen. Man kann aber nicht einmal zwei Herren gleichzeitig dienen (Matthäus 6,24). Wer nicht gewichtet, gerät aus dem Gleichgewicht. Entspannter lebt, wer sich bescheidet und erst einmal ein Ziel angeht. Dabei wird er entdecken, dass dies nicht umständlich gefunden werden muss; was wir wirklich wollen und sollen, schlummert schon lange in uns. Wenn wir es wecken, können wir das Ziel ganz entspannt in Angriff nehmen. Hierbei ist es wichtig, mit sich zu vereinbaren, welches die nächsten drei Schritte sein sollen, um es zu verwirklichen.

TRAU DICH, weniger zu wollen, aber das umso entschiedener.

3 Freizeit gestalten

Spiele wagen

Die vielen Angebote zur Freizeitgestaltung wollen gut gewählt werden. Entspannung findet, wer sich solche sucht, die ihn mit anderen Menschen ins Gespräch bringen. in der Freizeit will die Seele aufatmen. Sie sucht nach Gleichgesinnten, möchte Ideen entwerfen oder sich im fairen Spiel verlieren.
Ein Brettspiel, ein Kartenspiel oder ein leichter Sport öffnet Räume für eine Kommunikation, die absichtsfrei und leicht den Alltag vergessen lässt.

TRAU DICH, zu einem Spieleabend einzuladen.

4 Fehlern zuhören

Unvollkommenes schätzen

Im Perfektionswahn bringt man wenig zustande. Ständig zögert man aus Angst vor dem möglichen Fehler. Der Blick auf die Wissenschaften lehrt jedoch: Die größten Entdeckungen wurden gemacht, als den Forscher Fehler unterliefen und sich plötzlich Röntgenstrahlen zeigten oder die Atomkraft in den Blick geriet.
Versuch und Irrtum – das ist eine Methode, die nicht nur an die Universität gehört. Wer sie auch in seinem Leben zulässt, kann ganz entspannt gespannt sein auf den nächsten Fehler.

TRAU DICH, mit anderen über das zu sprechen, was dir misslungen ist.

5 Strukturen gestalten

Willkür entgegnen

Nichts muss so bleiben, wie es ist. Uns ist die Vernunft gegeben worden, damit wir Fragen stellen und uns um Verständnis bemühen. Das Leben wird entspannter, wenn wir die Strukturen, in denen wir arbeiten oder leben, verstehen lernen und gegebenenfalls auch verändern. Dies kann für Spannungen sorgen. Wir Menschen sind von Grund auf konservativ. Doch es lohnt sich, für diese Spannungen zu sorgen: Denn nur das, was wir mittragen können, schafft die Entspannung, die wir zu einem guten Leben und Arbeiten brauchen.

Trau dich, zu sagen, was du anders machen möchtest.

6 Liebe bevorzugen

Störungen begrüßen

Oft leben wir nur an der Oberfläche. Wir fragen nicht danach, wie einer ist, sondern nur nach dem, was wir von ihm sehen. Deswegen haben wir auch Angst, dass auch wir nun nach dem beurteilt werden, was wir von uns zeigen. Der andere Weg ist die Liebe. Sie ist nicht so sehr ein gutes Gefühl für den anderen, sondern ein Entschluss: Ich möchte zuerst im Mitmenschen den sehen, der einen unschätzbaren Wert für diese Welt hat. Auch wenn mich etwas an ihm stört: Vielleicht ist diese Störung jetzt genau richtig für mich. Wie entspannend, einem anderen nicht zu sagen: *Falsch!* – sondern zunächst einmal: *Interessant! Ich bin gespannt.*

TRAU DICH, im Anderssein des Anderen einen Auftrag an dich zu erkennen.

7 Freiheit suchen

Ungewohntes wagen

Wir leben gerne im gewohnten Trott. Das kann entspannen, doch es kann auch stressen. Was immer wiederkehrt, langweilt die Seele. Es ermüdet die Sinne. Sie spannen sich an auf der Suche nach neuer Ansprache. Erfolgt diese nicht, fördert das Trägheit und Schwermut im Herzen. Darum müssen wir die Freiheit suchen, Neues zu tun, ungewohnte Fähigkeiten zu testen oder einfach die Speisen eines fremden Landes zu probieren.
Wer seine Freiheit findet und das Gewohnte einmal verlässt, kann ganz entspannt seinen Alltag wieder interessant finden.

TRAU DICH, Lust auf die Freude nach dem Mut zu haben.

2. Dieser Tag ist mein Tag

Dem Alltag eine persönliche Note geben

Dein ist der Tag, dein auch die Nacht.

Psalm 74,16

Jeder Tag ist ein kleiner Kreislauf des Lebens. Am Morgen erblicken wir das Licht der Welt. Am Abend nimmt uns die Dunkelheit auf. Wer den Lauf des Tages als Aufgabe annimmt, wird sich nicht gegen den besonderen Charakter einer jeden Stunde des Tages wehren. Der Seelenrhythmus schwingt im Biorhythmus mit. Jeder, der einmal in Wechselschicht gearbeitet hat, weiß, wie viel Stress es bereitet, die Nacht zum Tage machen zu müssen. Zugleich schlagen sich so viele auch in ihrer Freizeit bei Tanz und Musik die Nächte um die Ohren. Kein Wunder, wenn unser Gefühl abnimmt für die Sprache der Stunden, die zu allen Zeiten des Tages ihre eigene Botschaft haben.
Der Fluss der Zeit will uns aufnehmen, damit wir uns nicht weiter in unserem Wahn verkrampfen, auch noch die letzte Sekunde zu unter Kontrolle zu haben. Kein Anti-Aging-Programm kann die Spuren tilgen, welche uns die Zeit einprägt, die unaufhaltsam verrinnt. Der Schlüssel zu einem entspannten Leben ist

die Demut, ein Mensch der Zeit sein zu wollen, dieser Zeit, dieses Augenblicks. In großen Bögen werden wir durch die Zeit getragen: Von Jahr zu Jahr, von Monat zu Monat, von Tag zu Tag. Die Zeit vergeht von selbst. Wir brauchen ihr nur ganz entspannt zu folgen.

1 Aufstehen

Welt einordnen

Der Tagesanfang prägt den Tagesverlauf.
Wir sind es gewohnt, realistisch zu sein. Wir sehen, was wir zu leisten haben. Wir denken an das Problem des Tages und an die Entscheidung, die wir endlich treffen müssen.
Vor alledem können Sie aber auch auf die Wirklichkeit hinter allem schauen. Atmen Sie die Luft ein: Nicht selbstverständlich. Der Kaffeeduft: Ein Grund zur Freude. Damit wird nicht einfacher, was auf uns zukommt. Es wird aber eingeordnet in das große Ganze, mit dem uns Gott und Welt umgeben.

TRAU DICH, jeden Tag als Gabe zu sehen.
Und erst dann als Aufgabe.

2 Mittagspause

Leicht speisen

Während man im Süden Europas eine *Siesta* macht, arbeiten wir gleich weiter. Kein Wunder, dass uns das Zigeunerschnitzel in der Kantine die Augen zudrückt. Deshalb brauchen wir Energie statt Belastung: Für den Körper Vitamine, für die Seele einen Moment des Abschaltens. Ein Joghurt, frisches Obst, zwei Treppen hoch- und zwei Treppen heruntergehen, fünf Minuten ein schönes Lied aus dem MP3-Player. Auch wenn alle anderen um uns herum weiter wüten: Ohne Pause wird alles zur Pause.

Trau dich, die Pause zu Mittag wichtig zu machen.

3 Fünf Minuten zwischendurch

Gedanken schweifen lassen

Die ungesunde Zigarettenpause ist Rauchern selbstverständlich. Ein Gutes hat sie: Sie zwingt zur Pause. Beim Zug am Glimmstängel gehen die Gedanken spazieren. Tief einatmen. Das tut gut, wenn einen der Alltagsstress atemlos werden ließ.
Wer nicht raucht (und natürlich auch wer raucht), sollte sagen: Ich muss mal einen Apfel essen. Man muss sich nur trauen, das durchzusetzen. Statt sich mit dem blauen Dunst wie ein Cowboy in der Prärie zu fühlen, kann uns ein täglicher Apfel oder gar eine Sechserpackung Äpfel über den Tag verteilt zu entspannenden Gedanken auf eine Obstwiese entführen.

TRAU DICH, kleinen Pausen ein gewisses Extra zu geben.

4 Tischgebet
Dank ausdrücken

„Was, Sie beten?“ Im Lokal oder in der Kantine die Hände zu falten fällt auf. Darauf auch noch angesprochen zu werden ist eher peinlich. Einer hat den Spieß einmal umgedreht und die beiden Frauen am Nachbartisch beim ersten Löffel Suppe gefragt, „Was, Sie beten nicht?“
Wer betet, sagt sich und Gott, dass nichts selbstverständlich ist. „Danke“ für die Köchin. „Danke“ für den Lebensmittelhändler. „Danke“ für die Erzeuger auf Erden und den Schöpfer im Himmel. Er hat alles so wunderbar geplant, und wir dürfen es ganz entspannt genießen.

Trau dich, vor dem Essen einen Moment lang dankbar zu sein.

5 Feierabend

Zeit feiern

Freie Zeit wird nicht zur Freizeit, wenn wir sie mit Terminen und Unternehmungen zukleistern. Freizeit vom Arbeitsleben wird nicht erfüllt, wenn wir sie bis zum Rand mit privaten Terminen auffüllen. Schnell kommt dann der Stress wie ein Jojo zurück.
Wem das schwerfällt, der sollte sich leere Stellen im Kalender einplanen. „Zwei Stunden Nichtstun" oder „einfach nur Lesen" steht dann im Wochenplan. Wie entspannend, die freie Zeit zu feiern.

TRAU DICH, im Kalender Termine mit dir selbst einzuplanen.

6 Vor dem Einschlafen

Sich selber loben

Vor dem Einschlafen zieht der Tag vor unserem inneren Auge vorbei. Wir denken an die dunklen Momente, an eigene Fehler und an Verletzungen. Aber es gab auch Gutes. Das reden wir gerne klein. Deswegen: Bitte keine falsche Bescheidenheit. Wir haben heute viel geleistet. Längst nicht alles ist misslungen. Andere Menschen haben durch uns Gutes erfahren. Wir waren anderen heute wichtig. Wir dürfen uns entspannt in Gottes Hand legen. Und den Schlaf kommen lassen.

TRAU DICH, dir selber Gutes zuzusprechen.

7 Träume planen

Gutes vorbereiten

Mit dem Tagesrückblick schlafen wir ein. Jetzt formt die Seele ihre Bilder über unser Leben. Sie führt uns vor Augen, was war und was kommen wird. In unseren Träumen erleben wir, was wir verarbeiten müssen. Wir können sie nicht steuern. Wir brauchen sie nicht zu fürchten. Deswegen sollten wir sie einfach ihr Spiel spielen lassen. In der Wachtraumphase können wir einige Szenen noch einmal durchspielen. Und manchmal auch ganz bewusst träumen, was wir uns so sehr wünschen für uns oder jene, die wir lieben.

TRAU DICH, Träume wie einen eingelegten Film gerne wieder zu träumen.

3. Das Jahr als Ruhequelle

Der Zeit Zeit lassen

Du krönst das Jahr mit deiner Güte.
Psalm 65,12

Wir können nicht denken, dass wir einmal nicht dagewesen sein sollen. Und wir können uns auch nicht so recht vorstellen, dass es uns einst nicht mehr geben soll. Wir können zwar in dem Bewusstsein leben, dass es uns einmal nicht gegeben hat und auch einst nicht mehr geben wird – aber so richtig wahrhaben können wir es nicht wollen. In uns tragen wir einen Hauch von Ewigkeit.
Darum macht uns die Zeit auch zu schaffen. Wer jung ist, kann nicht früh genug schon erwachsen sein. Erwachsene wollen dagegen ewig jung bleiben. Wir sitzen in der Klemme: Wir sehnen uns nach vorn. Sind wir aber dort angekommen, schauen wir wehmütig zurück. Keiner kann die Uhr anhalten. Die Zeit hat uns fest im Griff. Damit wir darin nicht ersticken, hat sich die Menschheit Einteilungen für die Zeit ausgedacht. Der chinesische zählt anders als der jüdische Kalender. Im Abendland wird die Zeit seit dem 16. Jahrhundert so eingeteilt, wie es Papst Gregor XIII. festgelegt hat. Das

Jahr hat im gregorianischen Kalender zwölf Monate. Sind sie zu Ende gezählt, beginnt ein neues Jahr. Dem Wechsel gehen wir wie beim Geburtstag mit einer gewissen Spannung entgegen: Es könnte ja sein, dass die Zeit stehen bleibt. Im Weltuntergang oder im persönlichen Tod. Die Spannung wird gelöst im Knallen der Sektkorken oder der Sylvesterböller. Im christlichen Jahreslauf entspannt sich die Angst vor der Vergänglichkeit durch die eindrücklichen Riten des Glaubens an die Fülle des unvergänglichen Lebens bei Gott.

1 Advent

Richtig warten können

Im Advent kommt Stress auf, obwohl wir doch eigentlich besinnlich sein wollen. Und das liegt nicht immer an den Terminen und am Einkaufsstress. Einerseits sind oft unsere Erwartungen an diese Zeit zu hoch, andererseits sind die Ansprüche anderer an uns überzogen. Es gibt aber kein falsches Schmücken im Advent und auch kein richtiges Weihnachten, wie es sein muss. Wir brauchen in diesen Tagen den Mut zu einem eigenen Maß.
Es ist so entspannend, wieder zu entdecken, dass es um Gott geht, der unsere Zeit besucht. In aller Menschenfreundlichkeit.

TRAU DICH, den Advent so zu gestalten, wie du es willst.

2 Fastenzeit

Freiräume schaffen

Das Leben bietet herrliche Möglichkeiten. Doch der Alltag verengt den Horizont. Vor lauter Gewohnheiten traut man sich kaum noch, nach Neuem zu greifen.
Da kommt die Fastenzeit gerade richtig. Sie lädt dazu ein, aus dem Trott auszubrechen. Fastenzeit ist Freiheitszeit: Sich Zeit für einen langen Brief statt nur einer SMS nehmen.
In Ruhe in einem Buch lesen, statt nur fünf Minuten zum Einschlafen. Einen Obstsalat anrichten statt eine Dose zu öffnen. Entschleunigung. Neues wagen. Sich entspannen. Freiheit genießen.

TRAU DICH, deinen Alltag zu erneuern.

3 Frühjahr
Aufblühen lassen

Frühlingsgefühle. Die Liebe erneuern. Der Schlager weiß es genau: Eine neue Liebe ist wie ein neues Leben. Mit dem neuen Grün der Bäume und den ersten Sonnentagen kommt Lebenslust auf. Wir spüren Energie für einen Neuanfang. Veränderungen sind möglich. Nicht um jeden Preis, doch immer wieder mit einer neuen Chance.
Was wirklich neu ist, kommt von außen auf uns zu. Wir brauchen es nur zu empfangen. Es blüht auf zu einer Zeit, die uns geschenkt wird. Auch Bestehendes braucht immer wieder ein Aufblühen. Eine alte Beziehung verträgt neuen Schwung. Eingefahrene Wege dürfen verlassen, Neues gewagt werden.

TRAU DICH, entspannt zu erwarten, was dich erneuern will.

4 Sommer

Genießen zulassen

Grillsaison. Erdbeerkuchen mit Schlagsahne. Picknick am Baggersee. Mit Kind und Kegel in die Entspannung. Menschen ohne Familie haben es nicht immer leicht, man will nicht das fünfte Rad sein. Umso besser, wenn Freunde einen bewusst einladen. „Bring ein Brot mit, das machst Du doch so lecker.“ Ein kleiner Satz mit großer Wirkung.
„Der Sommer ist sehr groß“, lässt sich in Anlehnung an Rilke schreiben. Sommer, eine Jahreszeit, die so viele Möglichkeiten bietet. In vollem Saft und in voller Kraft ist die Natur, Sonne und Licht erfüllen den Tag, das Dunkel weicht zurück. Der Körper entspannt. Die Seele atmet durch.

TRAU DICH, erwärmten Boden unterm Rücken zu genießen.

5 Herbst

Ernte beginnen

Wir ernten, was wir säen. Es kommt Ruhe ins Leben, wenn wir den Rhythmus akzeptieren. Wer jetzt ein Buch lesen will, muss vorher eines kaufen. Wer einen schönen Platz in der Wohnung will, muss ihn vorher gestalten. Der Herbst lehrt uns, das Genießen nicht zu vergessen. Es braucht nicht alles vollkommen zu sein. Im Bild der Ernte: Wir können uns schon an den Früchten erfreuen, bevor sie überreif werden.

TRAU DICH, früh genug mit der Freude am Ergebnis deiner Mühen zu beginnen.

6 Winter

Kraft sammeln

Alles ist vergänglich. Die Blätter sind gefallen, das Grün verabschiedet sich. Die wärmenden Sonnenstunden werden kürzer. Vieles wirkt abgestorben.
Im Verzicht auf das schöne Grün sammeln die Pflanzen ihre Energie in den Wurzeln und Knollen. Sie gönnen sich die Zeit des Rückzugs. Von ihnen können wir lernen, dass man nicht immer unter Strom stehen muss. Wir brauchen längere Phasen, in denen wir unsere Kräfte sammeln können.

TRAU DICH, nicht immer und überall glänzen zu wollen.

7 Den Jahreswechsel nutzen

Vorsätze abwehren

Jedes Jahr das Gleiche: „Zwischen den Jahren" werden wir aus dem Alltagstrott gerissen. Feiertage und Feiern, Familie und zu Regelndes. Mit Blick auf die Sylvesternacht stehen die guten Vorsätze an. Was will ich ändern? Welches Laster lasse ich sein? Irgendwie beschleicht uns dabei schon die Vorahnung, dass wir es wieder nicht ein- und durchhalten werden. Doch niemand ist verpflichtet, sich viel vorzunehmen. Wie wäre es, sich vom Stress der guten Vorsätze zu befeien? Ein Jahr so beginnen wie jeden Tag. Ja, ist nicht jeder Morgen ein viel besserer Zeitpunkt für einen Vorsatz? Im Heute bleiben und auf das Heute schauen, statt auf die unübersichtliche Zeit der 365 Tage.

TRAU DICH, das neue Jahr nicht mit zu vielen guten Vorsätzen zu belasten.

4. Sich selber mitnehmen

Urlaub und Reise eine Seele geben

Mit dir erstürme ich Wälle, mit meinem Gott überspringe ich Mauern.

Psalm 18,30

Endlich Urlaub! Arbeiten scheint so schlimm zu sein, dass nur noch die Zeit ohne Verpflichtungen als Leben zählt. Man kann krank sein oder depressiv, verstimmt oder gerade mit Kleinkindern beschäftigt: Hier wird man gestört. Signalisiert man aber, nun sei man im Urlaub, errichtet man einen hermetischen Zaun um sich. Die heiligste Zone fürs Nichtstun darf nicht betreten werden.
Kein Wunder, dass im Januar die Gespräche beginnen, wohin man in Urlaub fährt. Und im September heißt es dann: Na, wie war's? Meist wird darauf mit den Sprechblasen der Tourismuskataloge geantwortet. Schließlich möchte man als Urlaubsgenießer gelten, als einer, der etwas von dem Handwerk richtiger Freizeitgestaltung versteht. Da wird von höchsten Höhen und unheimlichen Meerestiefen berichtet, von wunderbaren Landschaften und eindrucksvollen Nächten: „Muss man gesehen haben! Ehrlich!"
Dagegen ist nur schwer anzukommen. Ange-

sichts solcher Urlaubs-Bekundungen geraten wir unter Druck. Plötzlich wird der Urlaub zum Prestige-Objekt. Es soll Menschen geben, die einen Kredit aufnehmen, um den Urlaub ihres Lebens zu machen – und sich dabei um ein Leben bringen, dass entspannt auskostet, was hier und jetzt möglich ist.

Wer gelassen reisen möchte und den Urlaub genießen will, muss jeden Tag üben, entspannt zu leben. Denn in jeden Urlaub müssen wir uns selbst mitnehmen.

1 Urlaubsvorbereitung

Bescheidene Ziele wählen

Der Urlaub ist die Zeit für das eigene Leben. Muss die Reise wirklich so weit gehen? Auch in der Nähe gibt es großartige Erholungsgebiete. Auch wenn ich meine Freunde damit nicht beeindrucken kann: Es ist die eigene Lebenszeit, die ich für die Entspannung reserviere.
Im Vorhinein mache ich mir einen Plan, wie ich den Urlaub gestalten will. Der ist mehr wert als die attraktivsten Fernziele. Ich beziehe diejenigen mit ein, mit denen ich diese Zeit genießen will. Vor dem Packen der Koffer kann ich auf ein Blatt schauen, auf dem ich im Laufe des Jahres gesammelt habe, was ich vor der Abreise in Ruhe alles regeln muss.

Trau dich, für das Urlaubsziel deiner inneren Stimme mehr Gewicht zu geben.

2 Koffer packen

Weniger ist mehr

Im Urlaub darf es weniger sein. Die Fülle der Entspannung erwächst aus der Bescheidenheit. Ich will nicht alles zur Verfügung haben wie immer. Die Entspannung tritt da ein, wo ich nicht lange wählen brauche, weil ich nicht viel dabei habe. Lebens- und Urlaubswichtiges kommt in die Tasche. Was dazu gehört, bestimme ich. Etwas für die Sonnentage und etwas für die Regentage. Damit lasse ich es gut sein.

Trau dich, statt zehn Hemden ein Waschmittel einzupacken.

3 Richtig loslassen

Mut zur Lücke

Unser Leben braucht die Unterbrechung durch den Urlaub. Wir müssen dafür nicht alles fertig bekommen haben, was wir uns vorgenommen hatten. Die freie Zeit wird uns einen neuen Blick dafür geben und andere Weisen des Herangehens lehren.
Wer entspannt Urlaub machen will, verabschiedet sich ausdrücklich von allem, was er für eine gewisse Zeit in Ruhe lassen will. Die Distanz zu den Dingen, die uns beschäftigen, braucht eine Willensbewegung der Seele: Ich will mir jetzt die Zeit gönnen, über den Dingen zu stehen.

TRAU DICH, manches für eine gute Zeit einmal offen zu lassen.

4 Unscheinbares wahrnehmen

Augen schulen

„In der Hoffnung, den Mond zu erreichen, vergisst der Mensch, die Blumen zu betrachten, die zu seinen Füßen blühen", schreibt Albert Schweitzer. Oft ist uns das Nahe so fern. Wir über-sehen, was eigentlich unseren Blick verdient. Wir brausen durch eine Landschaft, ohne sie uns wirklich anzusehen. Mit dem fest geplanten Ziel vor Augen ist uns der Weg egal. „Je tiefer man die Schöpfung erkennt, umso größere Wunder entdeckt man in ihr", meint Martin Luther.

TRAU DICH, 20 km/h weniger zu fahren als erlaubt.

5 Autobahnkirchen nutzen

Segen erfahren

Wer unterwegs ist, braucht nicht nur Gasthäuser als Schutz. Bereits im Mittelalter wurden dem Wanderer, Pilger und Reisenden Andachtsmöglichkeiten in Kapellen und an Kreuzen am Wegesrand angeboten.
1958 wurde die erste Autobahnkirche „Maria, Schutz der Reisenden" an der A8 eingeweiht. Mittlerweile gibt es mehr als 30 solcher „Raststätten für die Seele".
Reisende finden darin Raum, um Sinne und Seele für Gott zu öffnen. Wem das gelingt, der wird unter dem Schutz Gottes entspannter und sicherer weiterreisen.

TRAU DICH, bei der Routenplanung Autobahnkirchen im Blick zu haben.

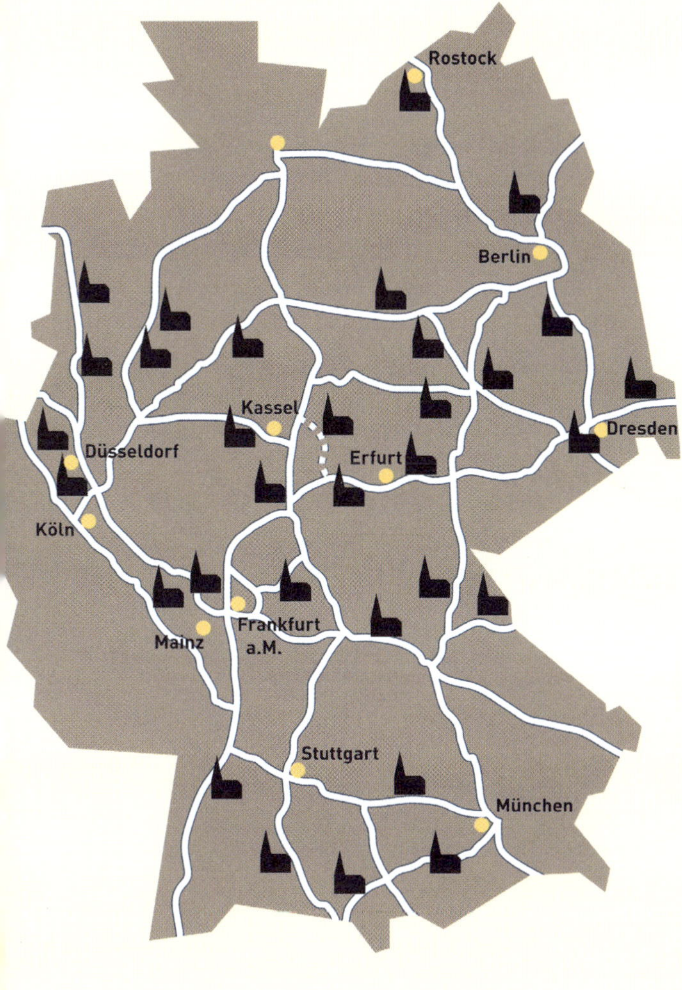
Rostock
Berlin
Kassel
Erfurt
Dresden
Düsseldorf
Köln
Frankfurt
a.M.
Mainz
Stuttgart
München

6 Karten schreiben

Mitentspannen lassen

Urlaubskarten sind aus der Mode gekommen. Eine SMS oder Mail aus dem Internetcafé des Urlaubsortes tut's auch. – Wirklich? Eine Karte auszusuchen führt uns in Gedanken zum Adressaten. Welches Motiv würde ihn freuen? Was passt zu ihm? Anschrift aufschreiben, Briefmarke draufkleben und einwerfen. Viele Handgriffe, bis unser Gruß seine Reise antritt. So eine Karte ist für den Empfänger immer ein kleiner Urlaub. Sie treibt die Sehnsucht voran. Wer sie empfängt, denkt an seinen eigenen Urlaub. Und meine Handschrift bringt ihm einen persönlichen Gruß aus einer entspannten Zeit.

TRAU DICH, im Urlaub dein Herz sprechen zu lassen.

7 Neu ankommen

Willkommen im Alltag

Nach dem Urlaub ist man nicht mehr der Alte. Die Ferien dürfen uns erneuern. Der Alltag soll uns gar nicht wiedererkennen. Wir gehen mit den Erfahrungen der freien Zeit auf ihn zu.
Hierbei können Notizen helfen, die ich mir im Urlaub gemacht habe. Manche Idee kam beim Wandern. Ein Abendgespräch gab mir einen guten Gedanken mit, was ich am Arbeitsplatz ändern könnte.

Trau dich, nach dem Urlaub mit anderen deine neuen Einsichten zu besprechen.

5. Gegengewichte setzen

Extras wagen

Da dachte ich: „Hätte ich doch Flügel wie eine Taube, dann flöge ich davon und käme zur Ruhe." Weit fort möchte ich fliehen, die Nacht verbringen in der Wüste. An einen sicheren Ort möchte ich eilen vor dem Wetter, vor dem tobenden Sturm.

Psalm 55,7–9

1 Einen Wüstentag einlegen

Sich außerhalb stellen

Niemand muss bis zum Herzinfarkt warten, bis er eine Pause einlegt. Man darf auch vorher schon aussteigen. Ein Tag, an dem wir uns absetzen von all dem, was uns bedrängt. Begeben Sie sich einen Tag lang real oder im Geiste auf eine Anhöhe. Von dort aus sehen die eigene Ehe, die Familie, der Arbeitsplatz, die Single-Wohnung samt Nachbarschaft schon ganz anders aus. Die Zusammenhänge treten schärfer in den Vordergrund. Ein ganzer Tag ist genug, um einen entspannten Blick auf das ganze Leben zu bekommen.

TRAU DICH, wesentlich zu werden.

2 Einen Pilgerweg beschreiten

Sich mitreißen lassen

Wir können nicht immer nur allein unsere Wege bahnen. Entspannend wirkt der Anschluss an Pilgerströme auf bewährten Wallfahrtswegen. In aller Ruhe können wir uns auf traditionelle Gesänge und Gebete einlassen. Einmal alles geschehen lassen, was Menschen in den vergangenen Jahrhunderten gedichtet und komponiert haben. Wir geben ihnen einen Vertrauensvorschuss, auch wenn wir ob gewagter Formulierungen manchmal den Kopf schütteln. Sich einfach mittragen lassen von Mutter Kirche auf dem Weg des Bewährten.

TRAU DICH, unmöglich fromm zu sein.

3 In Exerzitien gehen

Sich beim Wort nehmen lassen

Das Wort, das uns hilft, können wir uns nicht selber sagen. Wie wir von anderen gelernt haben, uns auszudrücken, so lernen wir auch von anderen, uns selbst neu zu sehen. Exerzitien sind acht Tage Hinhalten des eigenen Lebens in Gegenwart eines Exerzitienbegleiters und in die Zuneigung Gottes. Es sind Tage des Wagnisses der Begegnung mit einem Fremden und mit Gott: In deren Aufmerksamkeit kann ich ganz entspannt entdecken, wie ich wirke, wenn ich handle. Was ich meine, wenn ich spreche. Was mich belebt, wenn ich mich bewege.

TRAU DICH, Urlaub mit Gott zu machen.

4 Den Sonntag heiligen

Sich mit anderen für Gott versammeln

Von allerlei Attraktionen lassen wir uns anziehen. Sie besetzen unsere Zeit und kosten bestimmt auch noch. Wir wollten etwas von ihnen haben, und am Ende haben sie uns gehabt. Der Sonntag ist dem unverzweckten Tun gewidmet. Denn menschlich wird es in unserem Leben erst, wenn wir uns Stunden der Muße gönnen, von denen wir nichts haben, in denen wir aber umso mehr uns selber nahe sind. So ein Weg zum Gottesdienst gehört zu den zweckfreien Möglichkeiten unseres Lebens: Eine Stunde einfach da sein, ohne Leistungsdruck, ohne Prüfung. Gottes Dienst an uns entspannt mich vom Leistungsdenken und der Erwartung, dass ich immer etwas tun muss, um etwas zu bekommen. Herrlich entspannend, in der Freiluft des Geistes zusammen zu stehen!

TRAU DICH, der Feier der Auferstehung Jesu einen Vorrang zu geben.

5 Ein Museum erkunden

Sich ansprechen lassen

Die Ruhe eines Museums ist gerade der rechte Ort, um sich den Innenwelten der Künstler zuzuwenden, die sie uns mit ihren Werken zeigen. Kunstwerke sind echte Ausdrücke einer inneren Wirklichkeit. Wir können ihnen für einige Stunden unsere ganze Aufmerksamkeit widmen. Hierbei dringen wir in Vorstellungswelten vor, von denen wir bis jetzt nicht einmal etwas ahnten. Da lassen wir leicht los, was wir gewohnt sind, und entspannen uns im Bilderfluss.
Und: Man muss nicht jedes Bild, nicht jede Skulptur im Museum gesehen haben – es reicht, ein Lieblingsbild zu finden und es zu bestaunen.

TRAU DICH, ein Original zu erwerben.

6 Zum Abendspaziergang aufbrechen

Sich vom Tag verabschieden

Wenn der letzte Buchstabe getippt oder das letzte Wort verklungen ist, darf es Nacht werden in unserem Leben. Je mehr wir gestresst sind, desto energischer müssen wir uns gegen die Notwendigkeiten stemmen, die uns im Griff haben. Der Ritus eines täglichen Spaziergangs zur Nacht hilft, die Dinge auslaufen zu lassen. Morgen früh dürfen sie gern wiederkommen. Jetzt die frische Luft einatmen. Und entspannt ausatmen mit allem, was uns belastet. Das Gebet dazu ist leicht und von Jesus vorgesprochen: Vater, in deine Hände lege ich mein Leben.

TRAU DICH, täglich einen Punkt zu machen.

7 Musik hören

Bewegen lassen

Das Radio ist heute „durchhörbar". Während des Musikhörens sollen wir noch andere Tätigkeiten ausführen können. Deshalb ist die Musik meist auch überall gleich und soll uns nicht aufregen. Neues würde uns ablenken. Nicht zu laut, nicht zu leise. Textlich möglichst an der Oberfläche. Einschmeichelnd und unaufgeregt. Entspannt das wirklich? Vielleicht beim Bügeln. Aber den ganzen Tag berieselt werden und eigentlich in Gedanken ganz woanders sein ...?

Musik ist eine eigene Sprache. Sie bewegt unsere Seele in Tiefen, die darauf warten, im Rhythmus von Spannung und Entspannung ein Konzert lang trainiert zu werden.

TRAU DICH, Live-Musik zu erleben.

6. Zehn Anti-Stress-Regeln

Entspannung einüben

Wähle also das Leben, damit du lebst, du und deine Nachkommen. Liebe den Herrn, deinen Gott, höre auf seine Stimme, und halte dich an ihm fest; denn er ist dein Leben.

Deuteronomium 30,19f.

Wir können uns nicht täglich neu erfinden. Wer entspannt leben will, braucht Entschlüsse, die ihn im Alltag tragen. Die Anti-Stress-Regeln wollen einmal verstanden sein, um dann immer zu wirken. Sie helfen uns, Prioritäten zu setzen. Wer auch immer zu den Spannungen beiträgt, die uns belasten: Wir selbst haben die Autorität, ihn zurückzuweisen oder das Problem, das uns angreift, zumindest anders zu gewichten. Dazu braucht es ein gefestigtes Selbstbewusstsein. Das erreichen wir, wenn wir uns gestatten, entspannt zu leben.
Man kann darüber streiten, ob Entspannung ein größeres Selbstbewusstsein zur Folge hat, oder ob wir, weil wir stark sind, auch entspannter leben können. Geschwister sind die beiden allemal. Wer die Entspannung sucht, wird sich für eine klare Lebensweise entscheiden. Nichts ist schlimmer, als jeden Tag neu die Frage beantworten zu müssen, wie man leben, was man essen oder mit wem man

seine Freizeit verbringen will. Entspannung schenkt eine entschiedene Lebensart. Sie will dieses oder jenes ganz tun und weiß, dass sie dafür vieles andere lassen muss. Ein großes Ja erfordert viele kleine Nein. Wer sich zu der Lebensart durchringt, die wir mit unseren Anti-Stress-Regeln vorschlagen, wird sich den Freiraum schaffen und die Quelle dazu finden, entspannter zu leben.

1 Ausgewogen ernähren

Wer am Tag viel Wasser oder Saft trinkt, fördert die Durchblutung seines Körpers und beugt Kopfschmerzen vor. Wer ausreichend Obst und Gemüse isst, erhöht die Leistungsfähigkeit durch Naturzucker im Blut. Fette Speisen dagegen liegen schwer im Magen. Da nützt dann die beste Meditationsmusik nichts, wenn unser Körper seine ganze Energie zum Verdauen braucht.

TRAU DICH, neue Rezepte auszuprobieren.

2 Vorfreude einplanen

Wie ein Lichtblick erscheinen lang geplante schöne Ereignisse und Termine. Das Theaterabo, die Kinokarte, die Einladung zu Freunden … Wie gut, wenn wir uns beim Blick in den Kalender von diesen Inseln der Entspannung inspirieren lassen. Die freien Urlaubswochen sind der Kontinent, der uns schon jetzt Stunden der Vorfreude beschert: Wanderwege vorplanen, Sehenswürdigkeiten nachschlagen oder Sportaktivitäten vorbereiten. Die Vorfreude auf eine freie Zeit entspannt schon jetzt und sorgt nebenbei auch für entspannende Stunden, wenn die Zeit gekommen ist.

TRAU DICH, deine freie Zeit sorgfältig vorzubereiten.

3 Richtig abschalten

Bevor wir abschalten, um uns zu entspannen, müssen wir Handy und PC ausschalten. Nur so kommt unsere Seele vom permanenten Standby zur nachhaltigen Ruhe. Zeit für Entspannung muss im Kalender stehen und von dort ins Herz übertragen werden. Abschalten bedeutet freie Konzentration auf das Nichtstun. Sonst kommen wir vor lauter Anstrengung, entspannt zu sein, in neue Spannungen. Manchmal reicht es, eine Kerze zu entzünden. Räucherstäbchen, Musik-CD, Meditationsdecken oder -texte dürfen auch einmal im Schrank bleiben.

TRAU DICH, offline zu gehen.

4 Nicht übertreiben

Wir überfordern uns nicht nur im Tun, sondern auch in der Entspannung. Bringt eine halbe Stunde Mittagsschlaf keine Erholung ein, sind wir enttäuscht. Manchmal sind wir aber einfach zu angefüllt, als dass wir locker loslassen könnten.
Es gibt auch ganze Tage, an denen keine rechte Entspannung aufkommen will. Dann dürfen wir uns nicht unter Druck setzen; noch einmal ordentlich zuzupacken kann mehr entspannen als eine Pause, die man sich auf Teufel komm raus verordnet.

Trau dich, freundlich zu dir selbst zu sein.

5 Umsichtig planen

Es ist so wunderbar, einen neuen Kalender zu füllen. Leer und schön liegt das Jahr vor einem. Nur die regelmäßigen Feste und Feiern sind schon eingetragen. Uns scheint, wir haben alle Freiheit, in diesem Jahr alles anders zu machen, nur die schönen Dinge einzutragen und auszuwählen. Der Urlaub steht schon groß mitten im Jahreslauf. Doch Tag um Tag füllt sich mit Alltag. Hinter der Jahresübersicht verbergen sich Tage und Stunden. Sie sollten zu meiner Zeit werden.

TRAU DICH, einen „Termin mit mir" im Jahreslauf vorzusehen.

6 Positiv denken

Positiv denken ist leichter gesagt als getan. Negative Erlebnisse kann man nicht schönreden. Wir brauchen sie auch nicht zu überspielen. Belastendes will getragen sein, bis sich enthüllt, was es mir ungeahnt eröffnet.
Positiv denkt, wer im Tal an die Höhe denkt, beim Weinen ans Lachen, im Streit an den Frieden.

TRAU DICH, im Problem die Herausforderung zu entdecken.

7 Probleme ansprechen

Wie oft tragen wir ungelöste Probleme länger mit uns herum als notwendig. Wir müssten sie nur einmal ansprechen. Klar, das fällt uns schwer. Aber noch schwerer werden die Sorgen, wenn wir sie zu lange bei uns behalten. Erst wenn wir sie ins Gespräch bringen, kann sich eine Lösung zeigen. Damit dienen wir dem Nächsten, der erst durch unseren Mut erkennt, wo er uns belastet. Wir werden dann erfahren: Gemeinsam finden wir eine Lösung, auf die jeder für sich nie gekommen wäre.

Trau dich, deinen Teil zur Lösung beizutragen.

8 Genießen können

Genuss muss uns kein schlechtes Gewissen bereiten. Wer hart arbeitet, darf auch richtig genießen. Jeder auf seine Weise, nach seinem Geldbeutel und seinen Interessen. Genuss kann auch im Kleinen liegen. Ein gutes Wasser kann so köstlich sein wie teurer Wein. Genuss darf uns belohnen und motivieren – ja, wir haben ihn uns oft verdient. Genuss kann aber auch ganz unverdient in unser Leben treten, uns zufliegen. Wir dürfen Ja sagen zum Leben, zur Fülle, zum Reichtum dessen, was uns geschenkt ist.

TRAU DICH, zu dir selbst gut zu sein. Dann bist du es auch zu anderen.

9 Ordentlich seufzen

Mit Gewalt bekommen wir die Sachen nie richtig hin. Da hilft es schon eher, einen Schritt zurückzutreten und einen ordentlichen Seufzer auszustoßen: Aufstehen, sich die Haare raufen und die Arme dabei über den Kopf bewegen. Dann die Ferse vom Boden heben und dabei gleichzeitig einatmen. Mit Blick auf das Chaos es in sich regelrecht reinsaugen und dann gleichzeitig die Arme ausschütteln, sich fest auf die Fersen fallen lassen und mit einem hörbaren Laut alles ziehen lassen, was einen gerade einspannt.

TRAU DICH, für einen Moment alles loszulassen.

10 Fenster öffnen

Was immer uns in Spannung versetzt: Der Glaubende weiß, dass letztlich alles Chefsache ist. Der im Himmel weiß ums uns. Keiner kann mit seiner Sorge seinem Leben auch nur eine Minute hinzufügen. Das Leben ist viel zu kurz, um lange unglücklich zu sein. Am Ende steht ein Fenster offen, das zur Tür wird, wenn wir dort ankommen. Wir können schon heute einen Blick dorthin werfen. Wer betet, öffnet seiner Seele einen Spalt breit das Fenster, aus dem die Freiluft Gottes kommt. Sich einfach hinsetzen, den Himmel betrachten: Herr, ich werfe meine Sorgen wie Vögel an den Himmel.

Trau dich, öfter ein Fenster zu öffnen.

Nachwort

Nur kein Stress bitte beim Entspannen ...

Nie haben wir länger an einem Trau-Dich-Band geschrieben. Auch das Schreiben über Entspannung darf nicht anspannen und neuen Stress erzeugen. Das ist leicht gesagt. Da gilt es immer wieder, den Stift hinzulegen, den Bildschirm auszuschalten, die Nachfragen des Verlags auszuhalten.
Am Ende entspannt nur, was nicht erneut Anspannung erzeugt.
Nutzen Sie so dieses Büchlein. Immer wieder als Anregung und Motivation, die unterschiedlichen Anlässe und Formen der Entspannung zu suchen und zu finden. Ergänzen Sie es mit Ihren Erfahrungen. Nutzen Sie, was Ihnen gut tut.

Bruder Paulus Terwitte
Marcus C. Leitschuh